LA

FRANC-MAÇONNERIE CONTEMPORAINE

ANDRÉ ROUSSELLE

PAR

ADRIEN DESPREZ

AVEC UNE BELLE PHOTOGRAPHIE

PRIX : 50 CENTIMES.

PARIS

CHEZ L'AUTEUR

A LA PHOTOGRAPHIE DE LA FRANC-MAÇONNERIE FRANÇAISE

3, rue de la Grande-Truanderie prolongée, 3

1865

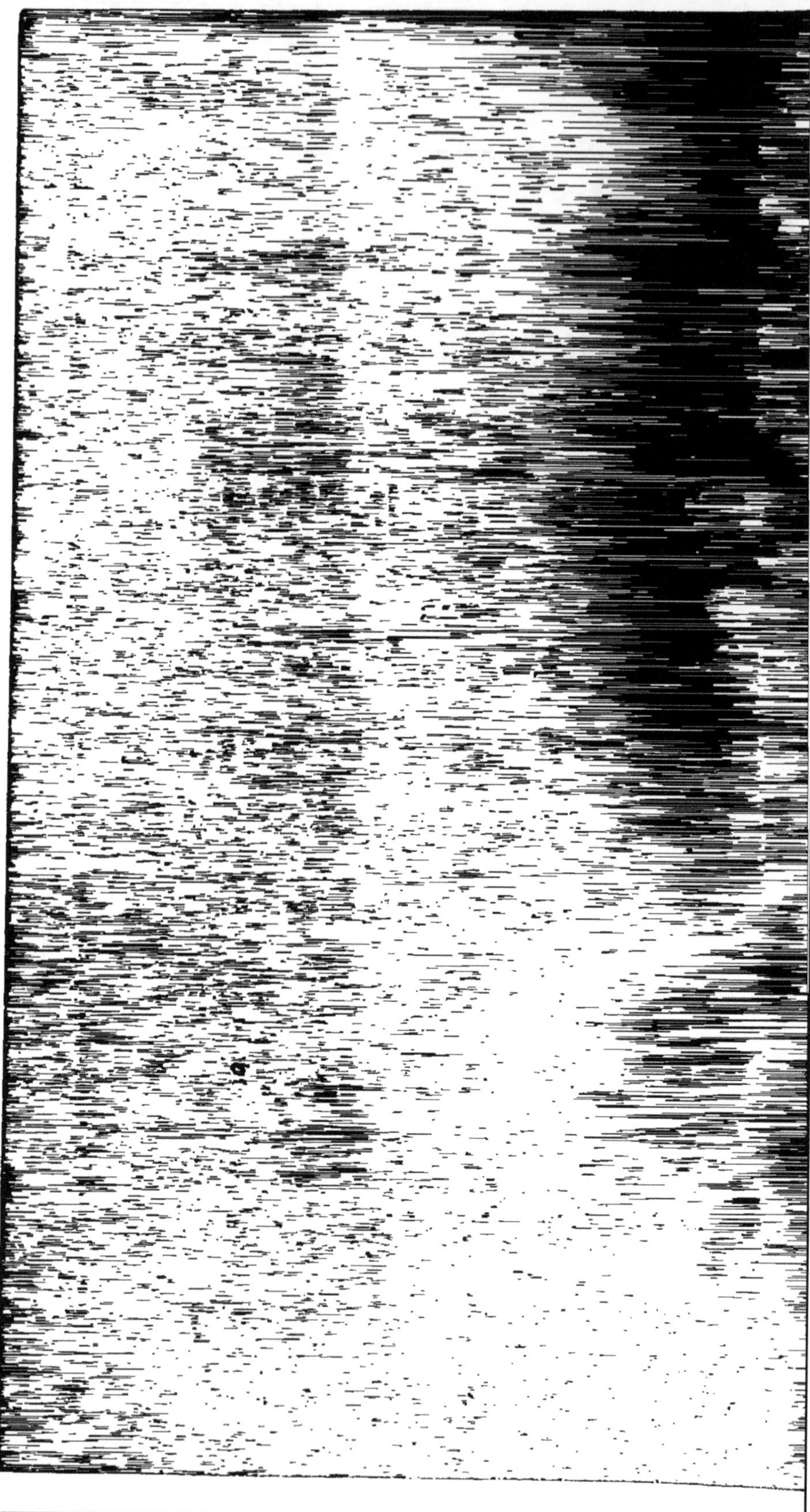

LA

FRANC-MAÇONNERIE CONTEMPORAINE

ANDRÉ ROUSSELLE

PAR

ADRIEN DESPREZ

AVEC UNE BELLE PHOTOGRAPHIE

PARIS
CHEZ L'AUTEUR
A LA PHOTOGRAPHIE DE LA FRANC-MAÇONNERIE FRANÇAISE
3, rue de la Grande-Truanderie prolongée, 3

1865

LA FRANC-MAÇONNERIE CONTEMPORAINE.

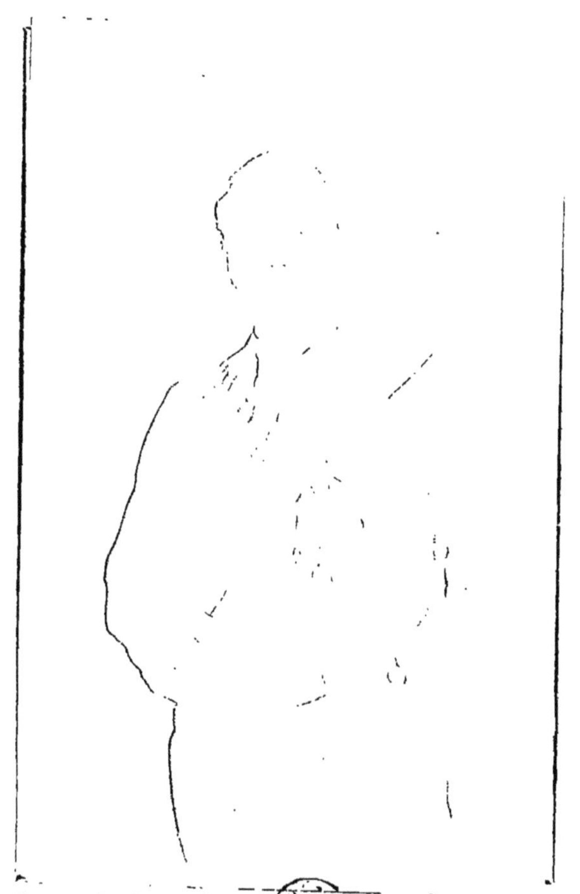

Gustave Lecharpentier, phot.

ANDRÉ ROUSSELLE

ANDRÉ ROUSSELLE

Il serait difficile de trouver un contraste plus frappant que celui de Massol et d'André Rousselle, qui, tous deux, combattent pour les mêmes idées et soutiennent les mêmes principes. Si le premier est avant tout un philosophe, le second est surtout un homme d'action. On dirait que l'âge et l'expérience ont appris à Massol que le progrès est le fruit du temps, et ne se conquiert qu'au prix d'un longue patience, tandis que Rousselle est animé de cette fougueuse, et parfois chimérique impatience de la jeunesse, qui voudrait voir tout céder à ses désirs, et détruire en un jour des erreurs et des préjugés enracinés depuis des siècles. Tous deux ont d'ailleurs leur place marquée, leur rôle à remplir, car la loi des contrastes n'a pas moins sa raison d'être dans le monde moral que dans le monde physique. Si nous plaçons parmi les premières la biographie d'André Rousselle, c'est à cause du rôle important qu'il a joué dans les événements qui ont agité la maçonnerie depuis quelques années, et de la popularité que son nom a conquise.

André Rousselle est né le 30 novembre 1831, à Blicourt, petit village du département de l'Oise. Ses parents, qui vivaient paisibles en cultivant leur petit domaine, n'avaient pas rêvé pour lui un brillant avenir. Mais son père, homme de sens droit et pratique, savait trop bien l'état d'infériorité où se trouve dans notre société un homme privé d'instruction, pour ne pas faire tous les sacrifices nécessaires à l'éducation de son fils. Son ambition n'était pas grande, il voulait le faire cultivateur comme lui, ou si le hasard le servait, employé dans une administration quelconque. Le jeune André fut donc placé au collége communal de Beauvais, où il commença l'étude du latin. Nous ne pouvons nous empêcher ici de faire une remarque sur la part que le hasard occupe dans la vie de chaque homme : Si à cette époque eût existé l'enseignement professionnel, dont André Rousselle est un des plus chauds partisans, à cette heure il labourerait son champ, sans que personne ait l'idée de faire sa biographie. Quand il eut obtenu le grade de bachelier-ès-lettres, son amour pour l'étude, son goût pour la lecture n'avaient fait que s'augmenter, grâce à un de ses voisins, le docteur Dobigny. Celui-ci, poète, auteur dramatique et philosophe, non seulement lui prêtait les livres de sa bibliothèque, mais lui racontait les batailles du romantisme, et enflammait sa jeune imagination au récit de ces luttes de l'intelligence. Aussi quand son père vint le presser de choisir une carrière, il fut fort étonné de lui entendre déclarer qu'il n'en voulait pas d'autre que celle d'avoué : pour être avoué il fallait faire son droit, c'est à dire aller à Paris. Il essaya vainement de toutes les remontrances ; il était père ; il céda. Mais, en père sage, il lui déclara que le jour où la modeste pension qu'il pouvait lui donner ne lui suffirait plus, il le rappellerait près de lui. Rousselle connaissait l'inflexibilité de son père ; il se le tint pour dit.

Nous avons dit dans la biographie de Massol quelle activité régnait dans les esprits en 1830 ; quel mouvement irrésistible les emportait vers des voies nouvelles en littérature comme en politique. Bien différente était la jeunesse de 1852, qui partageait l'état de stagnation morale où les événements politiques avaient plongé la Société. La jeunesse des écoles se divisait en deux parts : les uns répandus dans les bals, les cafés, laissaient passer le temps et oubliaient gaîment l'heure présente ; les autres, travailleurs solitaires et isolés, se réfugiaient dans les bibliothèques, les cabinets de lecture, les cours publics, sans qu'aucune idée commune leur servît de lien et les réunît. C'est ce dernier genre de vie que mena Rousselle : ni ses goûts, ni ses moyens pécuniaires ne l'entraînaient vers les lieux de plaisir ou de dissipation. Il profita des loisirs que lui laissait l'étude du droit pour compléter son éducation et étendre ses connaissances ; non-seulement il interrogea les livres des sages et des philosophes, qui sont comme le trésor de l'humanité où chaque génération va puiser à son tour ; mais il se donna aussi à l'étude des sciences économiques et sociales, qui ont pris de nos jours une importance si grande et si légitime : Auguste Comte, Jean-Baptiste Say, Saint-Simon, Fourier, Bastiat et Proudhon ne le captivèrent pas moins que Platon, Rousseau, Charron, Voltaire et Condorcet. La question religieuse vint également se présenter à lui, comme à tout homme qui essaie de donner une base sérieuse et raisonnée à ses convictions. Catholique fervent au collége, il avait senti ses croyances ébranlées par la lecture de *la Profession de foi du vicaire Savoyard*. Plus tard, et à mesure qu'il avançait dans l'étude de l'histoire et de la philosophie, il s'était éloigné davantage non de la foi religieuse, mais d'un parti qui, pour asseoir sa doctrine, avait besoin de recourir à l'intolérance, et de violer la vérité historique, philosophique et scientifique.

Trois ans sont bien vite écoulés au milieu de semblables occupations. Vint le jour où l'admission au grade de licencié en droit le mit en présence de la vie active, et d'une carrière à embrasser. Le goût de l'indépendance s'était de plus en plus développé en lui, et la profession d'avocat lui parut seule offrir une semblable garantie. Grand fut l'effroi de son père en apprenant cette résolution; à ses yeux son fils était tellement timide, que jamais il ne pourrait acquérir l'assurance nécessaire à un homme qui veut parler en public. Mais André Rousselle n'était pas Picard pour rien, il déclara à son père que sa résolution était irrévocable. Ce dernier ne pouvant vaincre une semblable obstination, se contenta de lui répondre qu'à vingt-huit ans, un homme devait être capable de gagner sa vie, et il lui souhaita bonne chance. Rien de plus juste sans doute que ces paroles, mais notre société est organisée d'une si singulière façon, qu'un employé, un simple garçon de bureau, gagneront leur vie longtemps avant qu'un avocat, un artiste, un écrivain puissent subvenir à leurs premiers besoins. Rousselle se mit à l'œuvre bravement, n'ayant d'autres ressources que l'aiguillon de la nécessité et l'envie de conquérir une certaine aisance, qui lui permît de continuer des études, si mal à propos interrompues.

Parmi tous les sujets capables de tenter les romanciers il en est un qui aurait dû les séduire par sa vérité, et la puissante réalité dont on peut l'animer. C'est l'histoire du jeune homme arrivant à Paris pauvre, inconnu, perdu dans la foule, sans appui dans cette ville où les protections sont presque tout, et se livrant à un travail incessant pour parvenir et conjurer tant de circonstances défavorables. Balzac a écrit *Un Début dans la Vie* et un *Grand Homme de province à Paris*, mais selon son habitude il a pris des êtres imaginaires pour des personnages réels. Paul Féval a voulu aborder cette peinture dans *les Drames de la Jeunesse*; il a passé à côté du sujet, faisant un roman d'imagination au lieu d'une œuvre vraie et sérieuse. Si cette histoire n'a jamais été écrite, en revanche elle s'est passée bien souvent dans la réalité, et André Rousselle est un de ceux qui, pour la faire passer dans le livre, n'auraient qu'à consulter leurs propres souvenirs. Cette vie de gêne et d'obscurité n'est pas sans un certain prestige poétique, et tous ceux qui l'ont supportée ne peuvent se rappeler sans plaisir ces jours de travail silencieux et d'espérance vague. Mais parmi tous ceux qui entreprennent cette lutte, et ils sont nombreux, bien peu arrivent comme Œdipe à vaincre la destinée : les uns se découragent au premier pas; aux autres manquent les circonstances, et plus encore manquent aux circonstances. On serait tenté de croire que la foule a raison dans son adoration exagérée pour le succès, et qu'elle a conscience de l'énergie, des efforts sans nombre qu'il faut prodiguer pour parvenir. Cette lutte ingrate dura plusieurs années : Les causes d'office, les procès en police correctionnelle ou à la cour d'assises, n'étaient pas de grande ressource. Toutefois ils apportaient en expérience et en enseignements ce qu'ils n'offraient pas en avantages matériels. En causant avec les prisonniers et les détenus de tout genre, le jeune avocat continuait ses études commencées dans les livres ; il acquérait de plus en plus la conviction que l'homme n'est pas né mauvais, comme le prétendent certaines religions et certaines philosophies, mais seulement imparfait ; que l'ignorance est le seul, le véritable mal préjudiciable à l'individu comme à la société ; que le travail et la liberté sont les seuls moyens de sortir de cet état d'imperfection et d'avancer vers le progrès auquel l'homme est destiné.

Pour l'homme, connaître la vérité, c'est avoir le désir de la répandre et d'en faire profiter ses semblables, et il n'est pas de sentiment plus naturel et plus louable que le prosélytisme. Ce qui l'est moins, ce qui même est condamnable, c'est d'employer la violence pour la faire entrer dans les esprits, comme l'ont fait les fanatismes de tous les temps. Rousselle éprouva alors ces besoins de prosélytisme ; il sentait s'agiter en lui une foule d'idées. Maint abus, mainte erreur, maint préjugé, apparaissaient à ses yeux ; il eût voulu les combattre, mais à qui s'attaquer? Il courait grand risque de lutter, comme Don Quichotte, contre des moulins-à-vent. Volontiers il eût imité le barbier du roi Midas et creusé un trou dans la terre pour y crier cette vérité qui lui pesait. Le hasard vint à son aide, en lui procurant ce que désirent également les avocats et les moralistes, un auditoire.

Un de ses amis, M. Armand Rolland, mort il y a quelques mois vénérable de la Loge Saint-Vincent-de-Paul, de Constantine, lui proposa un jour de le faire initier à la franc-maçonnerie. Cette société ne lui était pas inconnue; il en avait entendu parler comme s'occupant de l'amélioration morale, intellectuelle et matérielle de l'homme. De semblables idées étant les siennes il n'hésita pas à se faire recevoir de la loge *Isis Monthyon,* et fut de suite heureux de trouver une réunion d'hommes où il pût exprimer ses idées philosophiques et économiques. Expansif, remuant, en proie à toute la fiévreuse impatience de la jeunesse, il concentra sur la Maçonnerie toute cette activité qu'il ne pouvait alors dépenser ni dans la politique, ni dans le journalisme. L'influence qu'il acquit dans sa Loge, la confiance qu'il sut inspirer par son zèle et son empressement, le firent bientôt nommer vénérable, pour sauver l'atelier, qui périclitait entre des mains inhabiles; il n'avait pourtant ni l'âge maçonnique, ni l'âge profane exigé par les constitutions du Grand-Orient; mais une dispense fut accordée par l'administration à la demande même d'*Isis Monthyon*, qui sentait le besoin d'une direction plus ferme et surtout plus intelligente. Ce grade, qui lui donnait plus d'autorité, ne fit qu'accroître son zèle pour suivre les tenues des différentes Loges, combattre partout dans l'intérêt de ses idées, et soutenir en leur faveur de brillantes discussions.

Ces luttes, ces improvisations, un remarquable discours prononcé dans une fête funèbre, ainsi que son discours de réception qui contenait ses idées sur la Franc-Maçonnerie, avaient commencé à le faire connaître, quand un événement vint donner à son nom une grande popularité. Le Convent de 1861 était arrivé, apportant une question importante, puisqu'il s'agissait de l'élection d'un grand-maître. L'administration du prince Murat n'était nullement populaire, aussi se sentant menacée elle avait pris ses précautions; l'assemblée avait été choisie avec soin, et tous les vénérables dont on pouvait craindre l'opposition avaient été suspendus quinze jours auparavant. Certains Maçons, qui trouvaient au Grand-Orient des sinécures très-agréables et très-bien rétribuées, avaient fait cette élimination avec le soin le plus scrupuleux. Le succès était presque certain, et l'assemblée procédait à ses travaux, lorsqu'André Rousselle dont personne ne s'était défié, se leva et demanda que la vérification des pouvoirs fût faite par l'assemblée elle-même et non par le grand-maître ou ses employés. Trois fois interrompu, trois fois il reprit la parole qu'on lui refusait, et finit par se faire écouter de l'assemblée, qui se rangea à son opinion, déclara qu'elle même vérifierait le pouvoir de ses membres, et choisit de suite une commission dont André

Rousselle fut nommé rapporteur. Tout le monde connaît les événements qui suivirent et les incidents dramatiques qui signalèrent ce Convent. Le prince Murat, voyant l'assemblée décidée à maintenir ses droits et à en faire usage, la suspendit; celle-ci répondit à sa suspension en se déclarant indépendante, et en siégeant de sa propre autorité. Tous les membres récalcitrants furent suspendus, et à leur tête André Rousselle qui le premier avait donné le signal de la résistance et la continuait, communiquant autour de lui la fougue et la passion dont il était animé. L'agitation devint telle que la police s'en mêla et la presse s'en émut; le prince Napoléon, sollicité d'accepter la grande maîtrise, l'eut fait sans les susceptibilités de son cousin le prince Murat. Enfin pour terminer ce conflit, le maréchal Magnan fut donné comme grand-maître à la Franc-Maçonnerie. L'assemblée put alors continuer ses séances; elle remit toute discussion à l'année suivante, et se sépara après avoir procédé à l'élection du

Conseil de l'Ordre. André Rousselle se trouvait naturellement désigné au suffrage des membres de l'assemblée : le rôle qu'il avait joué, la révolution dont il avait le premier donné le signal et à la réussite de laquelle il s'était consacré tout entier méritaient bien cette fonction. Il fut élu à une grande majorité, ainsi que ceux qui avaient partagé sa disgrâce momentanée. Lisez dans les journaux profanes et maçonniques de l'époque l'histoire de cette assemblée, qu'on pourrait appeler l'assemblée constituante de la Maçonnerie. Comparez surtout le Convent de 1861 à celui de 1865, où l'élection du général Mellinet s'est faite d'une manière si calme et si paisible, et vous serez convaincu que dans toute société la liberté ne fut jamais l'ennemie de l'ordre, mais seulement des ambitions intéressées et intelligentes.

André Rousselle se réjouit de la fonction à laquelle il venait de parvenir, non dans un puéril sentiment de vanité, mais parce qu'elle lui donnait le moyen de continuer dans le conseil le rôle qu'il avait commencé dans les Loges, de poursuivre la réalisation de ses idées de décentralisation et d'exaltation de la conscience individuelle. Il seconda de toutes ses forces l'essor pris par la Maçonnerie depuis ce moment, essor auquel il avait en partie donné le premier l'élan. Il fut mêlé à toutes les luttes qui s'agitèrent dans le sein de l'Ordre, à toutes les grandes questions qui s'y élevèrent ; notamment celle de la constitution maçonnique et de la liberté absolue de conscience, question qui franchit les limites du Grand-Orient pour pénétrer dans le monde profane, et sur laquelle chaque journaliste parla selon sa manière de voir. Tous ces débats seraient trop longs à énumérer ; nous nous bornerons à parler d'une affaire qui fit grand bruit et offrit d'assez curieux détails.

Un jour le maréchal Magnan et M. Alfred Blanche, président du conseil de l'ordre, prévinrent officieusement les membres du Conseil que le gouvernement était tout disposé à reconnaître la Franc-Maçonnerie comme établissement d'utilité publique. Il n'était besoin que de présenter une demande, le Conseil d'Etat, appelé à se prononcer, prendrait une décision favorable. Cette proposition fut bien accueillie par le Conseil de l'Ordre : on se souvenait que la Franc-Maçonnerie était une société seulement tolérée et non autorisée ; qu'à plusieurs reprises des voix ennemies s'étaient élevées pour demander sa suppression ; on crut voir dans une semblable reconnaissance une garantie de durée et de stabilité. Seul André Rousselle ne se laissa pas éblouir ; il tâcha de faire comprendre à ses collègues que par cette déclaration d'utilité publique le gouvernement, devenant solidairement responsable des actes et des paroles de la Franc-Maçonnerie, voudrait et devrait avoir sur elle toute surveillance et toute direction ; que dès lors c'en était fait de son individualité, et que mise ainsi sous la tutelle de l'Etat elle devenait une grande société de secours mutuels, ce qui était sa ruine inévitable. Toutes ces objections furent vaines; le Conseil entier signa la pétition, à l'exception d'André Rousselle qui s'abstint. Mais non content d'avoir protesté dans le Conseil, il crut de son devoir de prévenir les Loges du danger qui les menaçait. La question fit du bruit, elle se répandit peu à peu, au point que le vénérable de *la Fraternité des Peuples* fit annoncer une tenue extraordinaire dans le grand temple, pour une discussion générale à ce sujet. Plus de huit cents Maçons assistaient à cette séance. M. Vienot, dans un remarquable discours, représenta les avantages que la Franc-Maçonnerie devait retirer d'une semblable reconnaissance. Pour toute réponse, André Rousselle se contenta de lire la fable de La Fontaine : *Le Chien et le Loup*. L'effet fut soudain et la cause de la liberté gagnée.

En vain quelques orateurs, entre autres M. Fauvety, voulurent répliquer; on admira leur talent, on applaudit à leur éloquence;

mais, pour toute réponse, on leur répéta ces paroles :

Attaché ! dit le loup ; vous ne courez donc pas
Où vous voulez ?—Pas toujours ; mais qu'importe ?—
Il importe si bien que de tous vos repas
Je ne veux en aucune sorte,
Et ne voudrais pas même à ce prix un trésor.

Cette affaire fit du bruit et les journaux politiques en parlèrent, citant l'ingénieuse idée de l'orateur, qui avait su, comme Ménénius Agrippa, triompher au moyen d'un apologue.

André Rousselle a été pendant quatre ans Vénérable de la loge *Isis Monthyon ;* une intrigue misérable, dont nous n'avons pas à nous occuper ici, lui en ayant enlevé la direction, il fut mis à la tête de *l'Ecole Mutuelle,* qui venait de se fonder. Cette loge est constituée sur des bases entièrement nouvelles, et en rapport avec les progrès vers lesquels tend chaque jour la Maçonnerie. Dans cette nouvelle application de l'idée maçonnique seront réalisées les idées de décentralisation et d'initiative individuelle. Le

Vénérable, loin d'absorber tous les membres, ne sera que leur représentant, « leur premier commis, » comme il a été dit dans le discours d'ouverture ; aux membres appartient toute initiative, toute action, toute direction ; et les dignités, loin d'être un privilége, sont au contraire une charge que chacun est tenu d'accepter, et qu'il ne peut garder plus d'un an.

Comme nos biographies ne sont ni des panégyriques ni des pamphlets, notre tâche est terminée. Nous nous sommes borné à rappeler les circonstances qui ont mis André Rousselle en lumière et ont popularisé son nom. Il est venu dans un moment où les hommes d'action sont nécessaires ; où le premier qui osera marcher en avant est certain de réussir et d'entraîner la foule après lui en se faisant l'interprète de ses sentiments. Tel a été son rôle, nous pouvons presque dire sa bonne fortune, car sans ces circonstances favorables il eût dépensé de longues années à acquérir une telle notoriété. Au lecteur à juger si son influence a été utile ou funeste; s'il a été bien inspiré le jour où il engagea l'assemblée à maintenir ses droits et à remplir son mandat; s'il a rendu service à la Franc-Maçonnerie en la décidant à conserver son individualité et sa liberté d'action. On a pu quelquefois lui reprocher de montrer une trop grande ardeur et de dépasser le but qu'il voulait atteindre, mais il ne faut pas oublier combien la mesure est difficile à garder même dans les meilleures choses. Un semblable excès d'ailleurs n'est pas à redouter, et depuis que les sociétés existent, pour un ami du progrès on a toujours trouvé cent optimistes, ennemis de toute innovation. Nous n'avons pas à nous prononcer non plus sur la valeur de ses idées morales, économiques et sociales; nous savons seulement qu'il les doit à l'expérience, autant qu'à l'étude, et qu'il en a poursuivi l'application non-seulement dans la Franc-Maçonnerie, mais dans plusieurs Sociétés qui se proposent le même but. Telles sont par exemple la

Société de Crédit au Travail, l'*Association internationale pour le Progrès des Sciences sociales*, celle pour *l'Instruction élémentaire*, dont il est un des secrétaires, et d'autres qui s'occupent de ces grandes questions sociales et économiques, au progrès desquelles aucun esprit sérieux ne saurait rester indifférent.

La presse lui a été pour cela d'un grand secours ; il a collaboré tour à tour au *Travail*, au *Progrès par la Science*, au *Peuple*, au *Monde Maçonnique* et au *Progrès de Lyon*, dont il est resté un des Rédacteurs les plus assidus. Enfin l'avocat est en parfaite concordance avec le journaliste et le Maçon ; très connu au palais, il a porté la parole dans plusieurs affaires qui ont eu un grand retentissement. Il suffira de citer le procès des *soixante-quatre*, celui de la *Revue du Progrès* et de la *coalition des ouvriers typographes*.

Ce n'est pas seulement comme avocat, mais encore comme prévenu, qu'il a été question de lui au palais. Poursuivi pour un article de philosophie historique, publié dans le journal *le Travail,* et accusé d'outrage à la morale religieuse, il fut défendu par Jules Favre, alors bâtonnier des avocats. Ceux qui entendirent l'illustre orateur se souviennent encore de l'effet produit par sa magnifique plaidoirie. De l'avis de tous, rarement il s'éleva aussi haut qu'en défendant le droit de la libre discussion sur le terrain des doctrines philosophiques et religieuses. Plus heureux que ses coaccusés, André Rousselle fut acquitté.

Dernièrement enfin, il se trouva non inculpé de fait dans le procès des *treize,* mais nommé dans le jugement ; aussi dans l'intérêt des principes, il crut devoir intervenir à la cour avec MM. Pelletan, Crémieux et Sénart.

Quelle que soit la manière dont le lecteur apprécie André Rousselle, il ne pourra lui refuser d'appartenir à cette phalange d'esprits jeunes et ardents qui voudraient faire triompher les principes dans lesquels ils voient le progrès intellectuel et moral de la société. Permis à la foule des sceptiques et des indifférents de traiter d'ambition ces efforts courageux, et de ne pas ajouter foi à des sentiments qu'ils ne sauraient trouver en eux-mêmes. Beaucoup heureusement refusent de croire à ces doctrines desséchantes, pensant que ce serait renier le passé le plus glorieux de la France, qui a toujours compté dans son sein des hommes capables des plus grands sacrifices et des plus généreux dévoûments, et qui n'a pas remporté de moins nobles triomphes dans les luttes de la libre pensée, que dans la poussière des champs de bataille.

P. S. Au moment où nous corrigeons les épreuves de cette seconde biographie, dont l'apparition a été retardée par des circonstances indépendantes de notre volonté, nous connaissons le résultat des élections que vient de faire l'assemblée, et les noms de ceux qu'elle envoie au Conseil de l'Ordre. La plupart des membres de l'opposition, ceux qui s'étaient montré les plus actifs, qui avaient fait entrer la Franc-Maçonnerie dans la voie de progrès où elle marche depuis quelques années, André Rousselle entre autres, n'ont pas été réélus. Pour ceux qui l'ont été, ils ne doivent leur élection qu'à une minorité de suffrages bien significative. Nous respectons le Convent et ses décisions, quoique l'histoire nous ait appris que les assemblées sont loin d'être infaillibles ; mais nous ne pouvons nous empêcher de nous demander, avec tous ceux qui ont assisté aux séances, quelles idées ont influé sur les déterminations de l'assemblée. S'est-elle laissée épouvanter, comme quelques-uns le prétendent, par les discussions sur l'abolition des hauts grades et la liberté absolue de conscience ? A-t-elle trouvé que la Maçonnerie allait trop vite, et qu'il était prudent d'arrêter son essor ? Nous l'ignorons. Mais on prétend qu'un membre de la majorité, en voyant le résultat des élections et l'éloignement de ceux qui avaient le mieux mérité par leurs travaux et leurs lumières, s'est écrié comme Pyrrhus : Encore une victoire comme celle-là, et la Franc-Maçonnerie sera bien malade !

Dieppe. — Ém. DELEVOYE, Imprimeur.

OUVRAGES DE M. ADRIEN DESPREZ.

...AIN DE PLAISIR A TRAVERS LE QUARTIER LATIN

(Seconde Edition).

LA PREMIÈRE NUIT DES NOCES.

SOUS PRESSE :

UNE HEURE DE COMÉDIE.

EN PRÉPARATION :

LES PHARISIENS

Roman de Mœurs contemporaines.

PHOTOGRAPHIE

de la

FRANC-MAÇONNERIE FRANÇAISE.

GUSTAVE LECHARPENTIER

PHOTOGRAPHE

8, Rue de la Grande-Truanderie prolongée.

ON TROUVE A LA PHOTOGRAPHIE :

ABRAHAM LINCOLN

Et les Photographies de tous les Membres de l'Ordre et de tous les Vénérables de Paris.

Prix : 1 Franc.

En envoyant 1 fr. en timbres-poste, on la recevra *franco*.

LA FRANC-MAÇONNERIE CONTEMPORAINE

BIOGRAPHIES

DES

PRINCIPAUX MEMBRES DU GRAND-ORIENT

ET DU SUPRÊME-CONSEIL

PAR ADRIEN DESPREZ

Ornées d'une belle Photographie de Lecharpentier.

ONT DÉJA PARU :

MASSOL, ANDRÉ ROUSSELLE.

SOUS PRESSE :

LE GÉNÉRAL MELLINET

Grand-Maître de la Franc-Maçonnerie française.

VIENNET

Grand-Maître du Suprême-Conseil.

EN PRÉPARATION :

HENRI BRISSON, FRANÇOIS FAVRE, CAUBET, FAUVETY, ALBERT LEROY, PELLETAN, JOUAUST, PERNET VALLIER, RAISAN, LANGLÉ, ETC.

Une Brochure in-18 avec Photographie : 1 fr.

En envoyant 8 fr. à l'ordre de M. LECHARPENTIER, on recevra les douze premières *franco*.

S'adresser à la Photographie de la Franc-Maçonnerie française, 3, rue [illegible] Truanderie prolongée.

www.ingramcontent.com/pod-product-compliance
Ingram Content Group UK Ltd.
Pitfield, Milton Keynes, MK11 3LW, UK
UKHW020400250726
13967UKWH00005B/2392